VENTE DU SAMEDI 17 JUIN 1893

HOTEL DROUOT, SALLE N° 7

à 3 heures 1/2

TABLEAUX MODERNES

EXPOSITION PUBLIQUE

LE VENDREDI 16 JUIN 1893

DE 1 HEURE 1/2 A 5 HEURES 1/2

COMMISSAIRE-PRISEUR	EXPERT
M° PAUL CHEVALLIER	**M. EUG. FÉRAL**, peintre
10, rue de la Grange-Batelière, 10	54, rue du Faubourg-Montmartre, 54

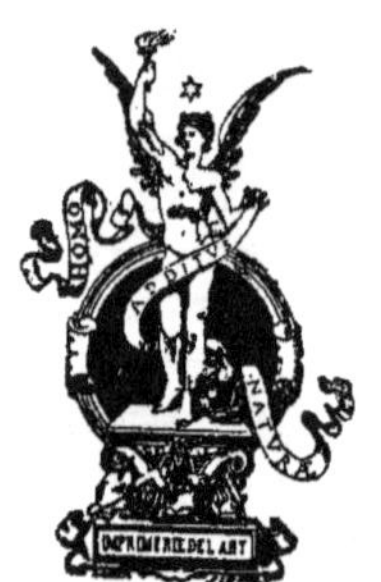

CATALOGUE

DE

TABLEAUX MODERNES

ŒUVRES DE

Baudit, Boudin, Boulard, Brillouin, Brissot, Chaigneau
Dagnan-Bouveret, Decamps, de Cock, Diaz, Fauvelet, Feyen-Perrin
Gosselin, Hawkins, Jongkind, J. P. Laurens
Lavieille, Merwart, Muraton, Pezant, Plassan
Ribot, Th. Rousseau, Sergent, Tholot, A. Vollon, Ziem
Zuber-Bühler, etc.

ET DONT LA VENTE AURA LIEU

HOTEL DROUOT, SALLE N° 7

Le Samedi 17 Juin 1893, à 3 heures 1/2

Par le Ministère de M° **PAUL CHEVALLIER**, commissaire-priseur

10, rue de la Grange-Batelière, 10

Assisté de **M. EUG. FÉRAL**, peintre-expert

54, rue du Faubourg-Montmartre, 54

Chez lesquels se trouve le présent Catalogue

EXPOSITION PUBLIQUE

Le Vendredi 16 Juin 1893, de 1 heure 1/2 à 5 heures 1/2

CONDITIONS DE LA VENTE

Elle sera faite expressément au comptant.

Les acquéreurs payeront *cinq pour cent* en sus des adjudications.

Paris. — Imp. de l'Art. E. Moreau et Cⁱᵉ, 41, rue de la Victoire.

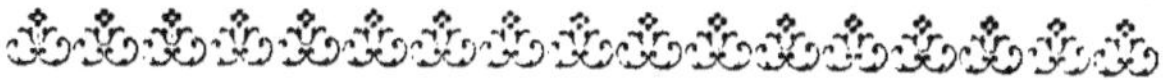

DÉSIGNATION

TABLEAUX MODERNES

ANDRIEUX

1 — *Vue des Pyrénées.*
   Étude.

ARE VALLETTE
(LOUISE)

2 — *Le Train en vue.*

ARE VALETTE
(LOUISE)

3 — *La Cour du château.*

ATTENDU
(F.)

4 — *Des Grenades.*

BAUDIT

(A.)

5 — *Les Bords de l'Oise.*

BLUM

(MAURICE)

6 — *Les Coulisses du Cirque.*

BOUDIN

7 — *La Plage de Trouville.*

BOULARD

(A.)

8 — *Bouquet de marguerites dans un gobelet d'argent.*

BRILLOUIN

(G.)

9 — *Le Trouvère.*

BRISSOT

(FERDINAND)

10 — *Moutons au pâturage.*

CHAIGNEAU
(FERDINAND)

11 — *Brebis et son agneau.*

CHANET

12 — *Jeune Femme.*

COSSMANS

13 — *Marie Stuart.*

DAGNAN-BOUVERET

14 — *Manon Lescaut.*

Dessin au crayon noir, rehaussé de blanc.

DECAMPS

15 — *La Bouillie de l'enfant.*

Aquarelle gouachée.

DE COCK
(CESAR)

16 — *Le Repos sous bois.*

DUMONT

17 — *Entrée de village.*

DESHAYES

18 — *Paysage.*

DIAZ

(N.)

19 — *Sous bois.*

> Au centre, une paysanne porte un fagot de bois mort.
>
> Bois. Haut., 42 cent.; larg , 30 cent.

DUBUISSON

20 — *Vue d'Italie.*

DUHANOT

21 — *Jeune Fille vêtue de blanc.*

DUHANOT

22 — *Jeune Fille à l'église.*

DUHANOT

23 — *Les Pêcheuses de crevettes.*

FAUVELET

24 — *Jeune Femme assise sur un canapé.*

FEYEN-PERRIN

25 — *Femme ramassant du varech.*

GOSSELIN
(CHARLES)

26 — *Ara au bord de la mer.*

GUARDIA
(W. DE LA)

27 — *Portrait de jeune femme.*

HAWKINS
(L. W.)

28 — *La Convalescente.*

JONGKIND

29 — *Paysage orageux.*

KREYDER
(A.)

30 — *Branche de pommier en fleurs.*

LAURENS
(JEAN-PAUL)

31 — *Sainte Cécile.*

Signé à droite

Toile. Haut., 64 cent.; larg., 50 cent.

LAURENS
(A.)

32 — *Sur la plage.*

LAVIEILLE
(EUGÈNE)

33 — *Les Bords de la Seine, près Saint-Denis ; effet de nuit.*

LELEUX

34 — *Le Petit Pêcheur à la ligne.*

LERAY

35 — *Un Jour de fête.*

LESUR
(H. V.)

36 — *Moines bénédictins.*

MAZIES
(VICTOR)

37 — *En pénitence.*

MERWART

(PAUL)

38 — *Sabotiers dans la forêt de Fougères.*

MERWART

(P.)

39 — *Chouans à l'affût.*

MERWART

(P.)

40 — *Au puits.*

MERWART

(P.)

41 — *Le Prisonnier.*

MONTICELLI

42 — *Faust et Marguerite.*

MURATON

(A.)

43 — *Jeune Fille vue de profil.*

Signé à gauche.

Toile. Haut., 33 cent.; larg., 26 cent.

MURATON
(A.)

44 — *Un Cuirassier.*

MURATON
(M^mo EUPH.)

45 — *Grenades et objets divers sur une table.*

MURATON
(M^mo EUPH.)

46 — *Lilas blanc et giroflées.*

PALIZZI
(F.)

47 — *Femme espagnole.*

PARISY
(EUG.)

48 — *Melon dans un plat.*

PÉCRUS
(C.)

49 — *Gentilhomme Louis XIII.*

PETIT

(EUG.)

50 — *Roses dans un carafon de cristal.*

PÉZANT

(AYMÉ)

51 — *Vaches au pâturage.*

Signé à droite.

Toile. Haut., 37 cent.; larg., 53 cent.

PINART

(1837)

52 — *La Marchande de légumes.*

PIOT

53 — *Vue du golfe de Naples.*

PLASSAN

54 — *Jeune Femme assise à son bureau.*

PRIOU

(LOUIS)

55 — *La Pécheuse de moules*

RIBOT

56 — *Un Vieux Livre et une pipe.*

ROUSSEAU

(THÉODORE)

57 — *Vue d'une partie de la ville de Thiers (Puy-de-Dôme)*

Belle étude.

ROY

(PHILÉAS)

58 — *Pêcheurs au bord d'une rivière.*

Signé à gauche.

Toile. Haut., 58 cent.; larg., 80 cent.

SERGENT

(L.)

59 — *En embuscad*

SORDET

(EUG.)

(DEUX PENDANTS)

60 — *Forêt de sapins et ani au   à l'abreuvoir.*

TABAR

61 — *Le Clairon.*

THOLER
(R.)

62 — *Oranges et cerises.*

THOLER
(R.)

63 — *Crabes, moules et vases en terre vernie.*

THOLOT

64 — *La Jeune Fille au lilas.*

VOIGT
(V.)

65 — *Vaches au pâturage.*

VOLLON
(A.)

66 — *La Meule de blé.*

ZIEM

67 — *Vue de Venise ; effet de clair de lune.*

Signé à droite.

Toile. Haut., 49 cent.; larg., 78 cent.

ZUBER-BUHLER

68 — *La Toilette du matin.*

ÉCOLE MODERNE

(Monogramme C. D.)

69 — *La Jeune Veuve.*

ÉCOLE MODERNE

(Monogramme C. D.)

70 — *Grenades et chrysanthèmes.*

ÉCOLE MODERNE

71 — *Plage à marée basse.*

ÉCOLE MODERNE

72 — *Amours cueillant des fleurs.*
> Dessus de porte.
> Pastel.

BOITELET

(Mlle)

73 — *Oiseaux sur des branches de houx.*
> Aquarelle gouachée.
> Feuille d'éventail.

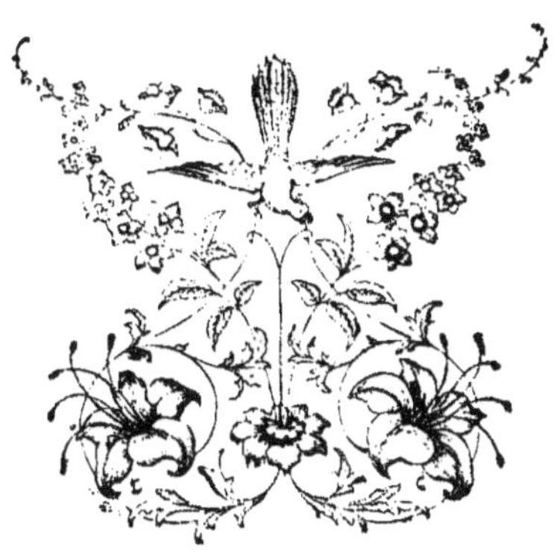

9 782329 529974